Das Kinderbuch

Zeichen der Liebe
Das Kinderbuch

Der Vorbereitungskurs auf
Beichte & Erstkommunion

benno

Das bin ich

Hier kannst du
dein Lieblingsfoto
von dir einkleben.

Ich heiße ....

und habe Geburtstag am ....

Getauft wurde ich am ....

in ....

Meine Taufpaten sind ....

....

Mein Namenspatron ist ....

Mein Namenstag wird gefeiert am ....

Das ist meine Familie

Hier kannst du
ein Foto von deiner
Familie einkleben.

Zu meiner Familie gehören:

Meine Kirchgemeinde

Hier kannst du ein Foto oder eine Postkarte von deiner Kirche einkleben oder ein Bild davon malen.

Meine Pfarrgemeinde trägt den Namen ....

....

Ihr Schutzpatron ist ....

Unser Pfarrer heißt ....

Mein Kommunionunterricht

Auf die Erstkommunion bereite ich mich gemeinsam mit anderen Kindern vor. Zu meiner Kommuniongruppe gehören:

Hier können alle Kinder deiner Kommuniongruppe ihre Namen einschreiben.

Unsere Gruppe wird geleitet von ....

....

Geleitwort

Liebe Kinder,

Von euren Eltern, Religionslehrern und von euren Pfarrern habt ihr bestimmt schon viel über Jesus gehört. Er hat uns gezeigt, wie sehr Gott alle Menschen liebt.

Gottes Liebe zeigt sich in vielen Dingen. Ein Zeichen seiner Liebe ist es, wenn er Schuld vergibt und zum heiligen Mahl einlädt. Dieses Zeichen seiner Liebe will Gott euch in diesem Jahr in der heiligen Beichte und der heiligen Kommunion zum ersten Mal schenken.

Das ist etwas ganz Besonderes, worauf ihr euch freuen könnt. Auf diesen großen Tag solltet ihr euch gut vorbereiten. Eure Eltern und Seelsorger werden euch dabei helfen und begleiten.
Gott, der euch liebt, wartet auf euch. Ihr könnt ihm wirklich begegnen: im Gebet und am Sonntag in der heiligen Messe.

Ich bete für euch und eure Eltern und segne euch

Euer Bischof

Inhalt

Der Regenbogen – Zeichen der Liebe Gottes zu uns
Gott liebt die Menschen – der Regenbogen ist ein Zeichen dafür   12

Jesus Christus – Zeichen der Liebe Gottes zu uns
Jesus segnet die Kinder – denn Gott mag Kinder   16
Jesus beruft Menschen – damit sie wie er Gottes Liebe weitergeben   20
Jesus heilt Bartimäus – denn Gott will unser Heil   24
Jesus vertraut Gott bis in den Tod – Gott schenkt neues Leben   28

Die Kirche – Zeichen der Liebe Gottes zu uns
Gott ist da – ich kann ihm in unserer Kirche nahe sein   32
Gott liebt mich – ich bin getauft mit Wasser des Lebens   34
Gott wohnt in mir – ich selbst bin das Haus für ihn   36

Das Sakrament der Versöhnung – Zeichen der Liebe Gottes zu uns
Ich sehe unsere Welt – Gott will sie heil   40
Ich schaue auf mein Leben – Gott hilft mir dabei   44
Ich kann zu meiner Schuld stehen – denn Gott ist barmherzig   48
Ich kann Versöhnung feiern – denn Gott vergibt mir   50

Die heilige Messe – Zeichen der Liebe Gottes zu uns
Gott lädt uns ein – wir gehen zu ihm   54
Gott erwartet uns – wir begrüßen ihn   60
Gott spricht zu uns – wir hören ihm zu   62
Gott nimmt uns an – wir bringen unsere Gaben zum Altar   64
Gott verwandelt die Gaben – wir loben und preisen ihn   66
Gott lädt uns zum Mahl ein – wir sind mit ihm verbunden   68
Gott sendet uns – wir gehen unter seinem Segen   70

Das eucharistische Brot – Zeichen der Liebe Gottes zu uns
Das Zeichen des Brotes – Gott bleibt mir in Jesus Christus nahe   72
Das Zeichen des Brotes – ich kann anbeten   76

Ich selbst – Zeichen der Liebe Gottes zu uns
Ich lebe als Christ – damit zeige ich Gottes Liebe   78

Sieht er nicht toll aus? Der Regenbogen! Allzu oft bekommt man ihn nicht zu Gesicht! Wann hast du eigentlich das letzte Mal einen Regenbogen beobachtet? Erinnerst du dich daran? Einen echten Regenbogen können wir dir nicht bieten, aber seine Farben sollen dich durch deinen Erstkommunionkurs und durch dieses Buch begleiten.

Für die Menschen ist ein Regenbogen immer etwas Besonderes! Wohl deshalb hat Gott ihn zum Zeichen seiner Liebe gemacht. Sie ist immer da, auch wenn wir sie nicht jeden Tag sehen und spüren. Manchmal können wir die Spuren der Liebe Gottes entdecken, so wie wir einen Regenbogen überraschend zwischen Sonnenschein und Regen am Himmel sehen.

Dann sind wir begeistert von seiner Farbenpracht. Stell dir einmal vor, der Regenbogen hätte nur eine Farbe: du würdest ihn kaum bemerken. Die sieben Farben gehören zusammen! Auch dein Leben als Christ kann farbenprächtig sein: Taufe, Gottesdienst am Sonntag, Kindernachmittag in der Gemeinde, Religionsunterricht, Kirchweihfest, Krippenspiel an Weihnachten, zur Osternacht am Feuer stehen, bald auch der Kommunionempfang. Die Farben des Regenbogens werden dich in deinem Erstkommunionkurs begleiten. Du findest sie in diesem Buch. Jedes der sieben Kapitel ist mit einer anderen Farbe gekennzeichnet. Alle Kapitel zusammen ergeben einen Regenbogen.

Für deinen Weg zur Erstkommunion wünschen wir dir, dass du viele Spuren der Liebe Gottes entdeckst. Wir sind uns sicher, dass dein Leben dann sehr bunt sein wird.

Gott liebt die Menschen –
der Regenbogen ist ein Zeichen dafür

Gebet

Guter Gott, du hast uns diese wunderschöne Welt gegeben,
um für uns zu sorgen.
Du hast Noah versprochen, die Erde nie wieder zu zerstören.
Dein Versprechen gilt auch heute.
Jeder Regenbogen erinnert uns an deine Liebe.
Guter Gott, wir danken dir.
Amen.

▶ **Bestreiche die Klebeflächen mit Leim und klebe deinen Regenbogen ein!**

Regenbogen – buntes Licht

Text: Reinhard Bäcker, Musik: Detlev Jöcker
© Menschenkinder Verlag und Vertrieb GmbH, Münster

Refrain Re-gen-bo-gen – bun-tes Licht, dei-ne Far-ben sind das

Le-ben. Gott ver-lässt die Er-de nicht, hat sein Zei-chen uns ge-

ge-ben. 1. Rot das Feu-er, Glut und Flam-me. Wär-me und Stär-ke
2. O-range die Son-ne, Licht des Ta-ges. Wach sein und se-hen

füh-le ich, und ich ah-ne das Ge-heim-nis: Got-tes Lie-be trägt auch mich.
möch-te ich, und ich ah-ne das Ge-heim-nis: Got-tes Licht er-leuch-tet mich.

3. Gelb die Ähren auf dem Felde,
   Reichtum und Fülle träume ich,
   und ich ahne das Geheimnis:
   Gottes Hände segnen mich.

4. Grün die Pflanzen – grün die Bäume,
   Wachsen und Werden spüre ich,
   und ich ahne das Geheimnis:
   Gottes Kräfte stärken mich.

Regenbogen – buntes Licht ...

5. Blau das Wasser – blau der Himmel,
   Tiefe und Weite suche ich,
   und ich ahne das Geheimnis:
   Gottes Treue leitet mich.

6. Indigo – ein dunkler Schatten.
   Fremde Gewalten fürchte ich,
   und ich ahne das Geheimnis:
   Gottes Schatten schützen mich.

Regenbogen – buntes Licht ...

7. Violett – die große Ruhe.
   Still sein und schweigen möchte ich,
   und ich ahne das Geheimnis:
   Guter Gott, du findest mich.

Regenbogen – buntes Licht ...

▶ **Ergänze diesen Satz!**

Der Regenbogen ist --

13

14

Vor vielen tausend
Jahren waren die Men-
schen auf der Erde sehr
böse. Gott war darüber traurig
und zornig. Deshalb wollte er das
Böse durch eine Flut vernichten. Einen
Menschen aber gab es, der Gott liebte: Noah.
Er bekam von Gott den Auftrag, eine Arche zu
bauen. Darauf sollten er, seine Familie und von jeder
Tierart ein Paar die Sintflut überleben.
Nachdem Noah die Arche gebaut hatte, regnete es 40 Tage
lang ununterbrochen und die ganze Erde war voller Wasser. Als
nach langer Zeit das Wasser zurückgegangen war, verließen Noah,
seine Familie und alle Tiere das Schiff, um wieder auf der Erde zu wohnen.
Gott gab Noah das Versprechen: »Es soll niemals wieder alles Leben von den
Wassern der Flut ausgerottet werden, ja, es soll keine Flut mehr kommen, die Erde
zu verderben!« So begann für Menschen und Tiere ein neues Leben in Gottes Schutz
und Liebe. Der Regenbogen erinnert für immer daran.

Jesus segnet die Kinder – denn Gott mag Kinder

▶ **Wann fühlst du dich wohl? Schreibe es in das Gras!**
Was wünschst du dir? Schreibe es in die Gedankenblasen!

... Da brachte man Kinder zu Jesus, damit er ihnen die Hände auflegte und für sie betete. Die Jünger aber wiesen die Leute schroff ab. Doch Jesus sagte: Lasst die Kinder zu mir kommen; hindert sie nicht daran! Denn Menschen wie ihnen gehört das Himmelreich. Dann legte er ihnen die Hände auf und zog weiter.

Mt 19,13ff

Gott mag Kinder

Text und Musik: Daniel Kallauch
© cap!-music, 72221 Haiterbach-Beihingen

Refrain Gott mag Kin-der, gro-ße und klei-ne, di-cke, dün-ne, kur-ze o-der lan-ge

Bei-ne, ro-tes, blon-des, schwar-zes Haar. Gott mag Kin-der, das ist wun-der-bar.

1. Gott macht kei-nen Un-ter-schied zwi-schen den Men-schen, die er liebt.

Gott liebt al-le, das ist klar! Auch uns Kin-der, das ist wahr!

2. Gott hat alles in der Hand,
   jedermann, in jedem Land.
   Gott schützt alle, das ist klar!
   Auch uns Kinder, das ist wahr!

3. Gott hat einen guten Weg
   für jeden Menschen, der ihn geht.
   Gott führt alle, das ist klar!
   Auch uns Kinder, das ist wahr!

Von Jesus weiß ich:

19

Jesus beruft Menschen –
damit sie wie er Gottes Liebe weitergeben

Als Jesus am Ufer des Sees Gennesaret stand, drängte sich das Volk um ihn und wollte das Wort Gottes hören. Da sah er zwei Boote am Ufer liegen. Die Fischer waren ausgestiegen und wuschen ihre Netze. Jesus stieg in das Boot, das dem Simon gehörte, und bat ihn, ein Stück weit vom Land wegzufahren. Dann setzte er sich und lehrte das Volk vom Boot aus. Als er seine Rede beendet hatte, sagte er zu Simon: Fahr hinaus auf den See! Dort werft eure Netze zum Fang aus! Simon antwortete ihm: Meister, wir haben die ganze Nacht gearbeitet und nichts gefangen. Doch wenn du es sagst, werde ich die Netze auswerfen. Das taten sie, und sie fingen eine so große Menge Fische, dass ihre Netze zu reißen drohten. Deshalb wink- ten sie ihren Gefährten im anderen Boot, sie sollten kommen und ihnen helfen. Sie kamen, und gemeinsam füllten sie beide Boote bis zum Rand, sodass sie fast untergingen. Als Simon Petrus das sah, fiel er Jesus zu Füßen und sagte: Herr, geh weg von mir; ich bin ein Sünder. Denn er und alle seine Begleiter waren erstaunt und erschrocken, weil sie so viele Fische gefangen hatten; ebenso ging es Jakobus und Johannes, den Söhnen des Zebedäus, die mit Simon zusammenarbeiteten. Da sagte Jesus zu Simon: Fürchte dich nicht! Von jetzt an wirst du Menschen fangen. Und sie zogen die Boote an Land, ließen alles zurück und folgten ihm nach.

Lk 5,1–11

Hier siehst du den See Gennesaret. Er liegt in
Palästina. Das ist das Land, in dem Jesus lebte.
Viele Begebenheiten, die Jesus an diesem See
erlebt hat, sind in der Bibel aufgeschrieben.
Man nennt diesen See auch »See von Galiläa«.

Gebet

Herr Jesus Christus – du siehst die Fischer und ihre Netze. Du siehst auch uns mit dem, was wir gut können. Lass uns diese Talente nicht für uns behalten, sondern hilf uns, sie für andere einzusetzen – und damit Gottes Liebe weiterzugeben. Amen.

Ich bete für jemanden, den ich kenne.

Ich räume freiwillig mein Zimmer auf.

▶ **Notiere auf die leeren Zettel deine eigenen Vorhaben!**

Jesus heilt Bartimäus – denn Gott will unser Heil

Sie kamen nach ....

Als er mit seinen Jüngern und einer großen

Menschenmenge Jericho wieder verließ, saß

an der Straße ein .... Bettler,

Bartimäus, der Sohn des Timäus. Sobald er

hörte, dass es Jesus von ....

war, rief er laut: Sohn Davids, Jesus, hab

.... mit mir! Viele

wurden ärgerlich und befahlen ihm zu

schweigen. Er aber schrie noch viel lauter: S

ohn ...., hab Erbarmen

mit mir!

Jesus .... und sagte:

Ruft ihn her! Sie riefen den Blinden und sagten

zu ihm: Hab nur Mut, steh auf, er ruft dich. Da

warf er seinen Mantel weg, sprang auf und lief

auf Jesus zu. Und Jesus fragte ihn: Was soll ich

dir tun? Der Blinde antwortete: Rabbuni, ich

möchte ....

können. Da sagte Jesus zu ihm: Geh! Dein

.... *hat dir geholfen.*

Im gleichen Augenblick konnte er wieder sehen,

und er .... *Jesus auf seinem*

Weg.

▶ **Ergänze die fehlenden Worte in der Geschichte. Wenn du nicht weiterkommst, lies im Markusevangelium am Ende von Kapitel 10 nach!**

> **Klebe hier ein Bild oder einen Artikel von einem Menschen ein, der Unheil erlebt hat!**

Gebet

Herr Jesus Christus, du hast den blinden Bartimäus sehend gemacht, denn Gott will, dass die Menschen heil sind. Sei mir nahe, wenn ich nicht heil bin. Schenke mir dann die heil machende Begegnung mit anderen Menschen. Lass auch mich für andere heilsam sein. Amen.

Jesus vertraut Gott bis in den Tod – Gott schenkt neues Leben

Jesus wird zum Tod verurteilt

Jesus nimmt das Kreuz auf seine Schultern

Jesus fällt zum ersten Mal unter dem Kreuz

Jesus begegnet seiner Mutter

Simon von Zyrene hilft Jesus das Kreuz tragen

Veronika reicht Jesus das Schweißtuch

Jesus fällt zum zweit Mal unter dem Kreu:

...us begegnet
...n weinenden
...uen

Jesus fällt
zum dritten
Mal unter
dem Kreuz

Jesus wird
seiner Kleider
beraubt

Jesus wird
an das Kreuz
genagelt

Jesus stirbt
am Kreuz

Jesus wird in
den Schoß
seiner Mutter
gelegt

▶ **Male hier die fehlende Station ein.**

»... hinabgestiegen in das Reich des Todes ...«

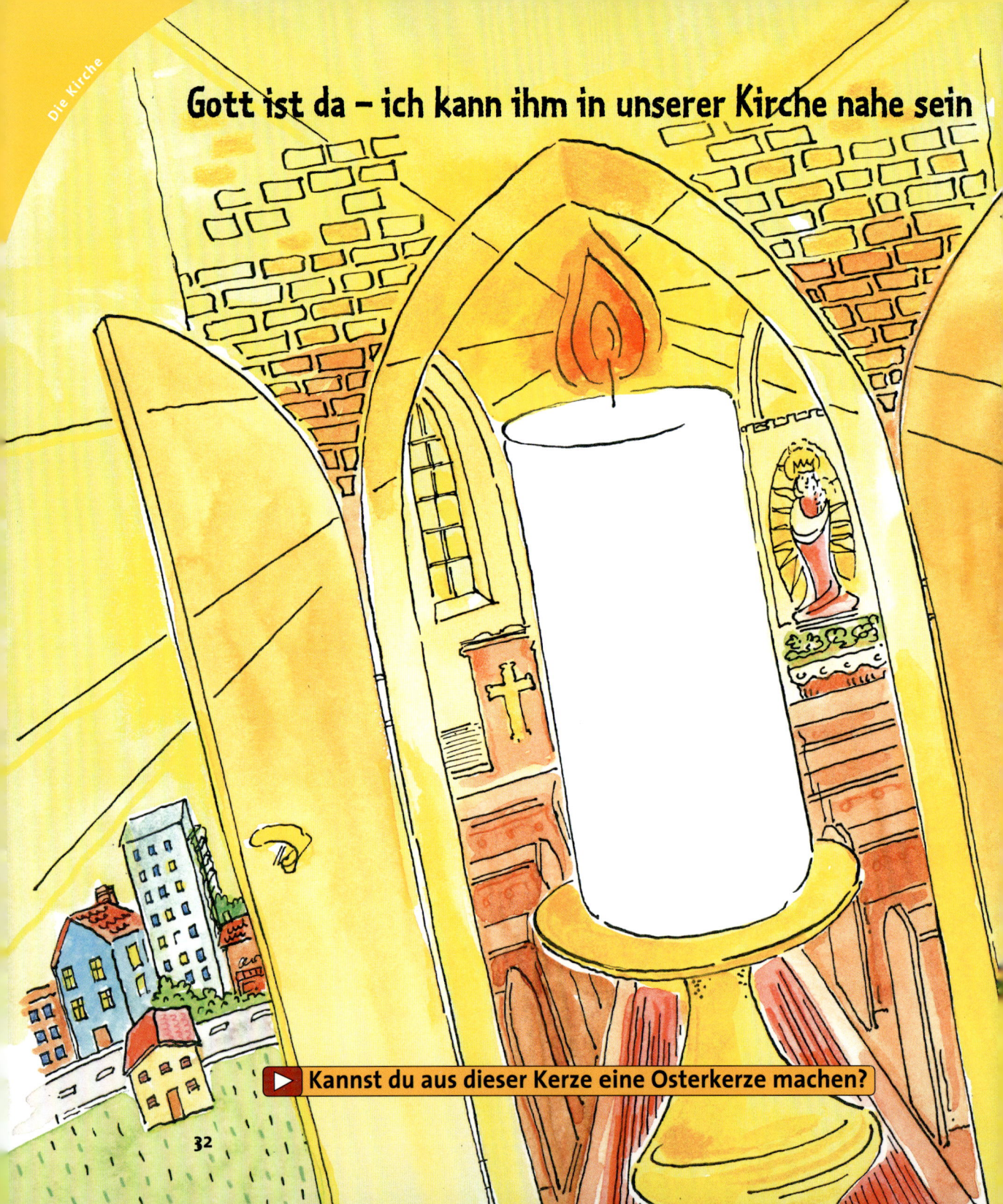

Gott ist da – ich kann ihm in unserer Kirche nahe sein

> ▶ Kannst du aus dieser Kerze eine Osterkerze machen?

Gebet

Guter Gott, in
unserem Ort
gibt es viele
Häuser, in denen
Menschen zu
Hause sind.
Auch wir haben
ein Zuhause.
Ein Haus in unse-
rem Ort ist ein
besonderes Haus,
unsere Kirche.
Wir glauben, dass
wir dir in unserer
Kirche ganz nah
sind und du uns.
Darüber sind wir
froh! Amen.

Gott liebt mich –
ich bin getauft mit Wasser des Lebens

Hier kannst du ein Taufkleid aus Stoffresten einkleben!

Das ist ein --

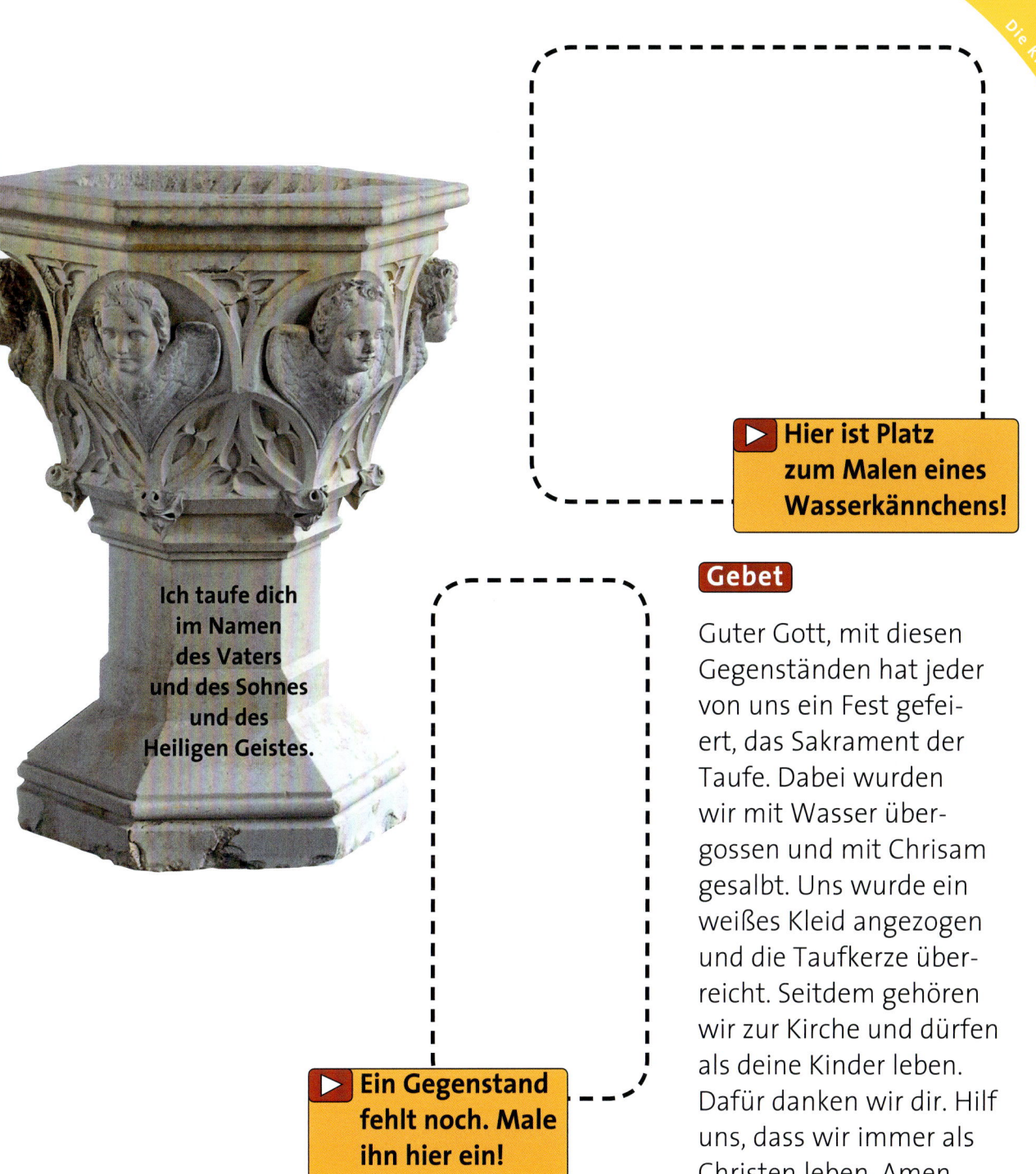

Ich taufe dich
im Namen
des Vaters
und des Sohnes
und des
Heiligen Geistes.

▶ **Hier ist Platz
zum Malen eines
Wasserkännchens!**

▶ **Ein Gegenstand
fehlt noch. Male
ihn hier ein!**

Gebet

Guter Gott, mit diesen Gegenständen hat jeder von uns ein Fest gefeiert, das Sakrament der Taufe. Dabei wurden wir mit Wasser übergossen und mit Chrisam gesalbt. Uns wurde ein weißes Kleid angezogen und die Taufkerze überreicht. Seitdem gehören wir zur Kirche und dürfen als deine Kinder leben. Dafür danken wir dir. Hilf uns, dass wir immer als Christen leben. Amen.

35

Gott wohnt in mir – ich selbst bin das Haus für ihn

Ich bin getauft und Gott geweiht

© Text: Friedrich Dörr 1970
Musik: Caspar Ulenberg

1. Ich bin ge-tauft und Gott ge-weiht   durch Chris-ti Kraft und Zei-chen;
   das Sie-gel der Drei-ei-nig-keit   wird nie-mals von mir wei-chen.

Gott hat mir sei-nen Geist ge-schenkt, ich bin in Chris-tus ein-ge-senkt

und in sein Reich er-ho-ben,   um e-wig ihn zu lo-ben.

2. Aus Wasser und dem Heilgen Geist bin ich nun neu geboren;
   Gott, der die ewge Liebe heißt, hat mich zum Kind erkoren.
   Ich darf ihn rufen: »Vater mein«; er setzte mich zum Erben ein.
   Von ihm bin ich geladen zum Gastmahl seiner Gnaden.

3. Christus der Herr hat mich erwählt, ihm soll ich fortan leben.
   Ihm will ich dienen in der Welt und Zeugnis für ihn geben.
   So leb ich nicht mehr mir allein, sein Freund und Jünger darf ich sein.
   Ich trage seinen Namen; sein bleib ich ewig. Amen.

Gebet

Guter Gott, du möchtest in mir wohnen. Du willst mein ganzes Leben
lang bei mir bleiben. Dafür danke ich dir. Durch mich willst du auch zu
vielen anderen Menschen kommen. Schenke mir deinen Segen dafür.
Amen.

> In diesen Rahmen kannst du etwas einkleben ... Dann siehst du einen Ort, wo Gott wohnt.

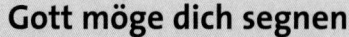

Gott möge dich segnen

Gottes Liebe wärme dich,
Gottes Gegenwart umstrahle dich,
Gottes Geist möge in dir sein.

Gottes Kraft soll in dir wirken,
Gottes Zärtlichkeit soll dich beschützen,
Gottes Friede soll dich umgeben.

Gott möge dich segnen,
wenn du einem Menschen Gutes tust.

Gott möge dich segnen,
wenn du einen liebevollen Einfall hast.

Gott möge dich segnen,
wenn du Pflanzen und Tiere schätzt.

zum Beispiel

----

zum Beispiel

----

zum Beispiel

Ich sehe unsere Welt – Gott will sie heil

Freundschaft

Krankheit

Streit

Frieden

Krieg

Liebe

Freude

Glück

Tod

Gewalt

In unserer Welt gibt es Schönes und Hässliches, Gutes und Böses, Heil und Unheil. Eine Welt voller Heil wäre schön.

HEIL

△

▶ **Schreibe in die leeren Zeilen Heil- bzw. Unheilsituationen!**

▽

UNHEIL

▶ **Fülle die Lücken im Text aus!**

Ich wünsche mir eine _____ Welt.

Aber Gott ist auch dort, wo mir _____ begegnet.
Er will, dass unsere Welt heil wird. Deshalb ist Jesus zu uns gekommen.
Er ist für uns gestorben. Gott hat ihn auferweckt.

Verlieren will gelernt sein

Peter ist ein hervorragender Sportler. Er ist der Kräftigste, der Schnellste und der Geschickteste in der Klasse. Wenn er im Sportunterricht nicht selbst Mannschaftskapitän ist, dann wird er immer zuerst gewählt. »Was für ein Glück der Peter hat«, denken Katrin und Sophie manchmal. »Wenn er nur nicht so angeben würde!«

Am Schluss der Stunde steht Tauziehen auf dem Programm. Natürlich lässt Peter beim Wählen der Mannschaften die zwei Mädchen links liegen. Er spottet sogar noch über ihre schwache Mannschaft. »Euch besiegen wir doch mit links«, ruft er. Aber so einfach ist das nicht! Die Mädchen sind heute für die Geräte zuständig. Sie haben heimlich die eine Seite des etwas morschen Seils mit Seife eingerieben und legen sie jetzt der anderen Mannschaft ganz scheinheilig vor die Nase. Und ihr Plan funktioniert. Das Seil rutscht Peter und seiner Mannschaft einfach unter den Händen weg. Eine Runde nach der anderen gewinnt die Mannschaft von Sophie und Katrin. Niemand kommt auf die Idee, dass es nicht mit rechten Dingen zugeht. Peter wird immer wütender. Schließlich will er den Sieg erzwingen. Er wikkelt das Seil um sein Handgelenk und zieht so heftig, dass es dabei zerreißt.

Beide Mannschaften fallen aufeinander. Nur zufällig verletzt sich keines der Kinder. Aber viele haben sich wehgetan. Sie beschimpfen Peter: »Du kannst fast alles, aber verlieren, das musst du noch lernen!« Nur Katrin und Sophie sind ganz still. Schnell verlassen sie die Halle.

Schuldbekenntnis

Ich bekenne Gott, dem Allmächtigen, und allen Brüdern und Schwestern, dass ich Gutes unterlassen und Böses getan habe. Ich habe gesündigt in Gedanken, Worten und Werken – durch meine Schuld, durch meine Schuld, durch meine große Schuld. Darum bitte ich die selige Jungfrau Maria, alle Engel und Heiligen und euch, Brüder und Schwestern, für mich zu beten bei Gott, unserem Herrn. Amen.

Ich schaue auf mein Leben –

Mein Leben ist wie ein Haus. Was hat sich heute hinter seinen Fenstern abgespielt? Alles hat am Abend einen Platz bei Gott. Vielleicht entdecke ich, wo er mir besonders nahe war.

Dieser Tag war ein ganz besonderer Tag. Gott, ich habe ihn von dir geschenkt bekommen. Beschütze in dieser Nacht mich und alle, die ich lieb habe. Schenke uns morgen einen frohen Tag.

Gott, deine Schöpfung ist so schön. Vieles habe ich heute gesehen. DANKE! Manchmal war ich unachtsam und habe etwas kaputt gemacht. VERZEIH!

Ich nehme mir Zeit. Gott, du bist da. Lass mich mit dir auf den Tag schauen.

Heute war viel los. In der Schule, zu Hause, auf dem Spielplatz, beim Klavierunterricht. Vom frühen Morgen bis jetzt. Ich habe viel gesehen, gehört, getan.

Gott hilft mir dabei

Weil dieses Gebet etwas mit Liebe und Aufmerksamkeit zu tun hat, nennt man es das »Gebet der liebenden Aufmerksamkeit«. Probiere es doch einfach einmal aus! Du betrittst dein Haus mit Gott durch die Tür, gehst zuerst nach rechts und dann nach oben.

Ich bin heute vielen Menschen begegnet. Mit manchen habe ich schöne Dinge erlebt. DANKE! Manchmal gab es Streit – und ich war auch schuld. VERZEIH! Ob ich das morgen wieder gutmachen kann?

Manches ist mir gut gelungen. DANKE! Manches klappte nicht so gut. Manchmal hatte ich keine Lust, etwas Gutes zu tun. Es tut mir leid. Ich will es wieder versuchen.

Gott, du warst heute bei mir. Einmal habe ich es ganz deutlich gespürt, als... Aber ich habe dich heute auch vergessen, als ...

45

Ich kann Gut und Böse unterscheiden, denn ...
... ich habe ein Gewissen.

Gebet

Guter Gott, manche sagen, das Gewissen ist die Stimme des Herzens.
Ich weiß: Darin sprichst du zu mir. Lass mich auf dich hören. Amen.

... es gibt Regeln für ein gutes Leben, zum Beispiel:

▶ die Zehn Gebote (Dtn 5,6–21)
▶ das Gebot der Gottes- und Nächstenliebe (Mt 22,36–39)
▶ Regeln in der Schulklasse, im Sportverein oder anderen Gruppen

Was Katrin sich am Abend überlegt:

Als Mama mich getröstet hat, habe ich gemerkt, dass Gott mich lieb hat. Ich war neidisch auf Peter, weil er so gut im Sport ist. Weil ich das mit der Seife gemacht habe, konnten andere Kinder verletzt werden. Eigentlich hätte ich mit Peter reden können. Ich hab gar nicht dran gedacht, dass Gott auch Peter mag. Ich bin froh, dass Gott mir verzeiht und Peter eigentlich ein guter Kumpel ist.

Ich kann zu meiner Schuld stehen – denn Gott ist barmherzig

48

▶ **Wie fühlen sich Vater und Sohn? Male die Figuren in passenden Farben aus!**

49

Ich kann Versöhnung feiern – denn Gott vergibt mir

Peter geht zum Fest der Versöhnung

Schon lange hat sich Peters Erstkommuniongruppe auf diesen Tag vorbereitet. Zum ersten Mal dürfen die Kinder heute das Sakrament der Versöhnung empfangen. Peter ist ein bisschen mulmig. Er hat zwar mit seiner Mama überlegt, was er sagen kann. Manches ist ihm auch selbst eingefallen, was Mama nicht wissen muss, z. B. die Sache mit dem angeblich verlorenen 2-Euro-Stück. Hm. Aber wird er auch alles richtig machen? Noch einmal überlegt er, was sie im Erstkommunionunterricht gelernt haben. Er kramt die Kärtchen hervor, die sie ausgeschnitten haben und ordnet sie der Reihe nach. Zuerst kommt die **REUE**, ein komisches Wort. Aber Peter weiß, was es bedeutet. Dann geht es ins Beichtzimmer, er sagt dem Priester und damit Gott, was nicht o. k. war in der letzten Zeit und bittet um **VERGEBUNG**. Der Priester sagt ihm dann die Vergebung Gottes zu. Nun kniet er sich ganz in die Nähe des Tabernakels, um Gott dafür zu **DANK**en. Schließlich verlässt er die Kirche mit einem guten Vorsatz. Mit dem möchte er ganz **NEU ANFANGEN**. Da ist Peter schon etwas eingefallen. Heute Abend wird er ganz freiwillig mit seiner kleinen Schwester spielen. Ohne Streit. Ehrenwort.

Gebet

Guter Gott, wo ich Heil erlebt habe, warst du da. Ich danke dir. Verzeih mir, wo durch meine Schuld Unheil geschehen ist. Bleibe bei mir, guter Gott. Amen.

▶ **Male Peters Weg der Versöhnung nach! Klebe die Karten mit den wichtigen Versöhnungsschritten an die richtigen Stellen ein!**

Wir feiern heut ein Fest und kommen hier zusammen

Text: Rolf Krenzer
Musik: Ludger Edelkötter
© KiMu Kinder Musik Verlag GmbH,
45219 Essen

Wir fei-ern heut ein Fest und kom-men hier zu-sam-men. Wir

fei-ern heut ein Fest, weil Gott uns al-le liebt. Her-ein, her-ein! Wir

la-den al-le ein. Her - ein, her-ein! Wir la-den al-le ein.

Gott lädt uns ein – wir gehen zu ihm

GOTTESDIENSTORDNUNG
in der Woche vom 2. März bis 10. März

Samstag, 2. März	18.00	Vorabendmesse
Sonntag, 3. März 1. Fastensonntag	8.30 10.00	Hl. Messe in Hundshausen Hl. Messe mit Chor
Montag, 4. März Hl. Kasimir	8.00	Wortgottesfeier
Dienstag, 5. März	9.00	Hl. Messe
Mittwoch, 6. März Hl. Fridolin	18.00	Hl. Messe, anschl. eucharistische Anbetung
Donnerstag, 7. März Hl. Perpetua, Hl. Felicitas	8.00	Hl. Messe (für die Verstorbenen der Familie Meyer)
Freitag, 8. März Hl. Johannes von Gott	8.00 17.00	Hl. Messe Kreuzwegandacht
Samstag, 9. März Hl. Bruno von Querfurt	18.00	Wortgottesfeier
Sonntag, 10. März 2. Fastensonntag	10.00 17.00	Familiengottesdienst Fastenpredigt

☐ Ich treffe mich mit Freunden aus dem Kommunionunterricht. Wir fahren gemeinsam zur Kirche.

☐ Wir frühstücken mit der ganzen Familie.

☐ Ich hole mit Mama noch eine alte Nachbarin ab. Sie ist auch katholisch, kann aber nicht mehr allein zur Kirche kommen.

☐ Wir sehen zu Hause in der Bibel nach, was heute vorgelesen wird.

☐ Ich mache noch schnell meine Hausaufgaben für Montag fertig.

☐ Ich übe noch mal die Fürbitte, die ich beim Kindergottesdienst vorlesen soll.

☐ Ich sehe meine Lieblingssendung. Die kommt immer am Sonntagmorgen.

☐ Wir schlafen möglichst lange. Dann machen wir uns schnell fertig und gehen zur Kirche. Danach haben wir dann viel Zeit zum Brunch.

☐ ....

....

▶ **Vor dem Gottesdienst kann man vieles tun. Kennzeichne, was dir gefällt und ergänze eine Möglichkeit!**

Komm herein und nimm dir Zeit

Text und Musik: Kathi Stimmer-Salzeder
Aus: »Lied der Hoffnung« 3, Gesamtband 1992
© bei der Autorin

1. Komm her - ein und nimm dir Zeit für dich.
Komm her - ein, viel-leicht er - kennst du dich.
Komm her - ein, tu dei - ne Sin - ne, dei - ne See - le
auf, denn dein Le-ben ist so reich, ach - te dar - auf.

2. Lass es los, was dir die Ruhe nimmt,
lass es los, was dich so traurig stimmt,
lass es los, tu deine Sinne, deine Seele auf,
denn dein Leben ist so reich, achte darauf.

3. Hör' dir zu und suche deinen Ton.
hör' dir zu und du verstehst dich schon,
hör' dir zu, tu deine Sinne, deine Seele auf,
denn dein Leben ist so reich, achte darauf.

4. Geh in dich und setz' die Liebe frei,
geh in dich, denn es ist viel dabei,
geh in dich, tu deine Sinne, deine Seele auf,
denn dein Leben ist so reich, achte darauf.

5. Schau dich an und freue dich an dir,
schau dich an, du bist zum Guten hier,
schau dich an, tu deine Sinne, deine Seele auf,
denn dein Leben ist so reich, achte darauf.

*Die Apostel versammelten sich wieder bei Jesus und berichteten ihm alles,
was sie getan und gelehrt hatten. Da sagte er zu ihnen: Kommt
mit an einen einsamen Ort, wo wir allein sind, und ruht ein wenig aus.*

Mk 6,30–31a

57

DIE HEILIGE MESS

Wortgottesdienst

Fürbitten

Glaubensbekenntnis

Predigt

Evangelium

Halleluja

2. Lesung

Zwischengesang

1. Lesung

Eröffnung

Tagesgebet

Gloria

Schuldbekenntnis und Kyrie

Begrüßung

58

Gabenbereitung

Hochgebet mit Sanctus

Vaterunser

Friedensgruß

Agnus Dei

Kommunion

Dank

Schlussgebet

Eucharistiefeier

Vermeldungen

Segen

Entlassung

Sendung

Gott erwartet uns – wir begrüßen ihn

Wir stehen vor Gott ...

... und er begrüßt uns durch den Priester: »Der Herr sei mit euch.«

Die Gemeinde antwortet:

▶ **Ergänze die richtigen Worte!**

Wir stehen vor Gott ...
... mit unserem ganzen Leben.
Wir bringen das *Unheil* und rufen:
Herr, erbarme dich.
Christus, erbarme dich.
Herr, erbarme dich.

Wir bringen das *Heil* und singen Gloria,
das bedeutet: Ehre sei Gott.

Eröffnung

Du hast uns, Herr, gerufen

Text und Musik: Kurt Rommel
© Strube Verlag, München-Berlin

1. Du hast uns, Herr, ge - ru - fen, und dar - um sind wir hier.   Wir sind jetzt dei - ne

Gäs - te und dan - ken dir. Wir sind jetzt dei - ne Gäs - te und dan - ken dir.

2. |: Du legst uns deine Worte und deine Taten vor. :|
   |: Herr, öffne unsre Herzen und unser Ohr. :|

3. |: Herr, sammle die Gedanken und schick uns deinen Geist, :|
   |: der uns das Hören lehrt und dir folgen heißt. :|

Tagesgebet

Herr, unser Gott.
Du hast uns hier als deine Gemeinde
zusammengeführt.
Gib jedem von uns etwas
von deinem guten, heiligen Geist,
damit wir dich und uns selbst
und einander besser verstehen.
Lass uns vorankommen auf dem Weg,
auf den du uns miteinander gestellt hast.
Darum bitten wir durch Christus,
unsern Bruder und Herrn. Amen.

Gott spricht zu uns – wir hören ihm zu

Nach der Lesung sagt die Lektorin:
»Wort des lebendigen Gottes«
Wir antworten:

Hal-le-lu-ja, Hal- le-lu-ja, Hal-le - lu - ja.

Lobt den Herrn, alle Völker,
preist ihn, alle Nationen!
Denn mächtig waltet über uns seine Huld,
die Treue des Herrn währt in Ewigkeit.

Ps 117

Hal-le-lu-ja, Hal- le-lu-ja, Hal-le - lu - ja.

Nach dem Evangelium sagt der Priester:
»Evangelium unseres Herrn Jesus
Christus«
Wir antworten:

Die Predigt soll uns helfen, die Lesung und das Evangelium zu verstehen und als Christen zu leben.

Ich glaube an _____ , den_____ , den Allmächtigen, den Schöpfer des Himmels und der Erde. Und an_____ , seinen eingeborenen Sohn, unsern Herrn, empfangen durch den Heiligen Geist, geboren von der Jungfrau Maria, gelitten unter Pontius Pilatus, gekreuzigt, gestorben und begraben, hinabgestiegen in das Reich des Todes, am dritten Tage auferstanden von den Toten, aufgefahren in den Himmel. Er sitzt zu Rechten Gottes, des allmächtigen Vaters. Von dort wird er kommen, zu richten die Lebenden und die Toten. Ich glaube an den _____ , die heilige katholische Kirche, Gemeinschaft der Heiligen, Vergebung der Sünden, Auferstehung der Toten und das ewige Leben. Amen.

▶ **Ergänze die fehlenden Worte!**

In den Fürbitten bringen wir unsere Anliegen zu Gott.

▶ **Schreibe hier deine Fürbitte auf!**

Gott nimmt uns an – wir bringen unsere Gaben zum Altar

Bei der Gaben-
bereitung werden
Brot und Wein
zum Altar ge-
bracht. Wir bitten
Gott, dass er die
Gaben verwan-
delt. Wie unse-
re Gaben, sollen
auch wir verwan-
delt werden: in
Menschen, die
für Gott leben.

Der Priester sagt: »Gepriesen bist du, Herr, unser Gott, Schöpfer der
Welt. Du schenkst uns das Brot, die Frucht der Erde und der menschlichen Arbeit. Wir bringen dieses Brot vor dein Angesicht, damit es uns
das Brot des Lebens werde.«
Die Gemeinde antwortet:

Der Priester sagt: »Gepriesen bist du, Herr, unser Gott, Schöpfer der
Welt. Du schenkst uns den Wein, die Frucht des Weinstocks und der
menschlichen Arbeit. Wir bringen diesen Kelch vor dein Angesicht, damit
er uns der Kelch des Heiles werde.«
Die Gemeinde antwortet:

Zu unseren Gaben zählt auch Geld, das in der Kollekte gesammelt wird. Das Geld wird für einen bestimmten Zweck verwendet. Frag doch mal den Pfarrer, wofür die Kollekte am nächsten Sonntag ist und trage es hier ein!

Herr, wir bringen in Brot und Wein

T: Hans Bernhard Meyer, M: Peter Janssens
aus: Gute Nachricht für alle Völker, 1970
alle Rechte im Peter Janssens Musik Verlag, Telgte-Westfalen

Herr, wir brin-gen in Brot und Wein un-se-re Welt zu dir. Du schenkst uns dei-ne Ge-gen-wart im ös-ter-li-chen Mahl.

65

Gott verwandelt die Gaben – wir loben und preisen ihn

Heilig, heilig, heilig ist Gott

Musik: Erhard Quack
© Christophorus Verlag, Freiburg

Hei - lig, hei - lig, hei - lig ist Gott, der Herr der Mäch - te.

Er - füllt sind Him - mel und Er - de von sei - ner Herr - lich - keit. Ho -

san - na in der Hö - he. Ge - be - ne - deit sei, der da kommt im

Na - men des Herrn. Ho - san - na, ho - san - na in der Hö - he.

Jesus, der Herr, nahm in der Nacht, in der er ausgeliefert wurde, Brot, sprach das Dankgebet, brach das Brot und sagte: Das ist mein Leib für euch. Tut dies zu meinem Gedächtnis! Ebenso nahm er nach dem Mahl den Kelch und sprach: Dieser Kelch ist der Neue Bund in meinem Blut. Tut dies, sooft ihr daraus trinkt, zu meinem Gedächtnis!

1 Kor 11,23 b–25

Der Priester singt oder sagt:
»Geheimnis des Glaubens.«
Die Gemeinde antwortet:

Deinen ---------------------------- , o Herr, verkünden wir

und deine ---

preisen wir, bis du kommst in

Gott lädt uns zum Mahl ein – wir sind mit ihm verbunden

Wir beten.
»Vater unser im Himmel ...«

Sieh im Gotteslob nach!

Wir vertragen uns.
Deshalb sagen wir:
»Der Friede sei mit dir.«

**Jesus will zu jedem von uns kommen.
Wir alle sind eingeladen.**

Wir sind ganz dabei.
Herr, ich bin nicht würdig,
dass du eingehst unter mein Dach.
Aber sprich nur ein Wort,
so wird meine Seele gesund.

**Wir bekommen etwas Gutes –
Jesus Christus selbst schenkt sich uns.**

Wir bedanken uns.

Gebet

Jesus, du bist jetzt bei mir.
Danke, dass du mich liebst.
Danke, dass du mich beschützt.
Ich staune, wie groß du bist.
Ich staune über deine große Liebe.
Ich staune, dass du mir so nahe bist.
Lass mich im Alltag entdecken,
wie nahe du mir bist.
Hilf mir, deine Liebe weiterzugeben.
Begleite mich an jedem Tag
der neuen Woche
und mein ganzes Leben lang,
bis ich dich in deiner Herrlichkeit sehen darf.
Amen.

Kommunion-Knigge

❶ Wenn du nach vorn gehst, schau nicht in der Weltgeschichte herum. Denk an Jesus, der gleich zu dir kommt!

❷ Mit deinen geöffneten Händen zeigst du, dass du Jesus freudig erwartest. Antworte deutlich mit «Amen»!

❸ Nimm dir nach dem Kommunion-empfang noch Zeit zum Gebet. Jesus ist jetzt ganz nah bei dir. Du kannst ihm alles sagen!

❹ Und noch etwas: Du musst nicht in jeder Messe zur Kommunion gehen. Manchmal fühlen wir uns so weit weg von Jesus, dass es gar nicht ehrlich wäre, Gemeinschaft (=Kommunion) mit ihm zu haben. Bleib dann einfach in der Bank und bete, dass ihr wieder Freunde werdet!

Gott sendet uns – wir gehen unter seinem Segen

Der Priester
segnet uns.
Wir werden
ausgesendet,
um als Chris-
ten zu leben.

Der Priester sagt:
»Es segne euch der allmächtige Gott, der Vater und der Sohn und der
Heilige Geist.«
Die Gemeinde antwortet:

Der Priester sagt:
»Gehet hin in Frieden.«
Die Gemeinde antwortet:

Gott steht hinter dir

Originaltext: traditionell, Dt. Text: Eckart Bücken
Musik: Reinhard Horn
© KONTAKTE Musikverlag, 59557 Lippstadt
aus: Buch/CD Welt-Segenslieder

1. Gott steht hin-ter dir, er stärkt dir den Rü-cken, und mit sei-ner Kraft wird das Le-ben glü-cken. Gott steht hin-ter dir, er steht hin-ter dir.

2. Gott geht neben dir, er kann dich beschützen,
und sein guter Geist wird dich unterstützen.
Gott geht neben dir, er geht neben dir.

3. Gott ist unter dir und du wirst getragen,
ob in Freud, ob Leid, du brauchst nicht verzagen.
Gott ist unter dir, er ist unter dir.

4. Gott hält über dir segnend seine Hände
schon von Anfang an bis zu deinem Ende.
Gott hält über dir segnend seine Hand.

Ich darf als Christ leben.

Sendung

Das Zeichen des Brotes – Gott bleibt mir in Jesus Christus nahe

Das ist für mich kostbar:

Eva sitzt zu Hause in ihrem Zimmer und überlegt. Zum nächsten Treffen der Kommunionkinder soll jeder etwas mitbringen, das für ihn kostbar und wichtig ist. »Was soll ich nur mitbringen? Ich habe keine kostbare goldene Kette oder Edelsteine.« Deshalb sitzt sie da und grübelt. Sie schaut sich in ihrem Zimmer um. Das viele Spielzeug ist nicht so kostbar. Manches war zwar teuer, aber einiges ist auch schon kaputt. Da fällt ihr Blick auf ein Bild. Es zeigt die ganze Familie im letzten Urlaub. Alle waren froh und glücklich. Eva schaut sich das Bild an und ist plötzlich wieder mittendrin im Urlaub. »Das nehme ich mit zum Kommunionunterricht. Die Familie ist mir wichtig und gemeinsam verbrachte Zeit ist kostbar.« Sie packt das Bild ein und ist schon ganz aufgeregt, den anderen von dem Urlaubsbild zu erzählen. Sie nimmt sich vor, solche Kostbarkeiten ab jetzt in einer besonderen Kiste zu sammeln. Dann kann sie sich jederzeit daran freuen.

Gebet

Herr Jesus Christus,
du bist uns wichtig.
Im gewandelten Brot
bist du ganz nah
bei uns Menschen.
Dafür danken wir dir.
Amen.

▶ **Hier kannst du deinen selbst gestalteten Tabernakel einkleben.**

Das Zeichen des Brotes – ich kann anbeten

▶ **Was könnte das Kind denken? Klebe die Kärtchen ein!**

Ich lebe als Christ – damit zeige ich Gottes Liebe

Gebet

Guter Gott, ich bitte dich: Schütze und bewahre mich. Lass mich unter deinem Segen lebe[n]

▶ **Suche dir hier etwas aus, wobei du in deiner Gemeinde gern mit-machen würdest und schreibe den Termin dafür neben das Bild.**

nd ihn weitergeben. Bleibe bei uns alle Zeit, segne uns, segne uns denn der Weg ist weit. Amen.

79

... Dein Kommunion-Kurs ist zu Ende, das große Fest gefeiert, dein Buch durchgearbeitet ...! Schluss! Oder? Endet der Regenbogen? Endet Gottes Liebe?
Deine Erstkommunion ist nicht nur das Ende einer guten Zeit mit Gruppenstunden, vielen Begegnungen und Gottesdiensten. Sie ist der Anfang eines neuen Abschnitts in deinem Leben als Christ, denn du bist immer wieder eingeladen, auf Gott zu hören, nach seinem Wort zu leben und Jesus im gemeinsamen Mahl zu begegnen.
So lebst du weiter unter dem Regenbogen verbunden mit Gott dem Vater, dem Sohn und dem Heiligen Geist.

Mein Festtag

Am .... habe ich

in der Kirche ....

das Fest der Erstkommunion gefeiert.

Der Pfarrer war ....

Auf diese Kerze kannst du malen,
wie deine Kommunionkerze aussah!

Die Symbole auf meiner Kerze bedeuten

....

....

....

....

Das sind wir Erstkommunionkinder

Hier kannst du ein Foto von deiner
Erstkommunion einkleben.

Meine Gäste

Meine Erstkommunion haben mit mir zusammen gefeiert:

Hier kannst du die Namen deiner Gäste aufschreiben.

Gute Wünsche & Gedanken meiner Gäste

Bitte deine Gäste, auf dieser Seite ihre Wünsche und Gedanken oder einen Spruch für dich aufzuschreiben. Wenn du möchtest, kannst du auch die schönsten Wünsche aus deinen Glückwunschkarten hier noch einmal zusammentragen.

Die schönsten Fotos meiner Feier

Hier ist jede Menge Platz für die besten Fotos von deiner Feier
mit Familie und Freunden.

Bibliografische Information der Deutschen Nationalbibliothek
Die Deutsche Nationalbibliothek verzeichnet diese Publikation in der Deutschen Nationalbibliografie;
detaillierte bibliografische Daten sind im Internet über http://dnb.d-nb.de abrufbar.

Autoren: Annegret Beck, Kerstin Czwienczek, Claudia Franke, Susanne Henning, Ralf Knauer,
        Michael Poschlod, Anne Rademacher

Illustrationen: Ursula Harper, München

Kirchliche Druckerlaubnis:
Dresden, den 18.03.2009, + Joachim Reinelt, Bischof von Dresden-Meißen

Die Ständige Kommission für die Herausgabe der gemeinsamen liturgischen Bücher im deutschen
Sprachgebiet erteilte für die aus dem Messbuch entnommenen Texte die Abdruckerlaubnis.

Alle Bibelzitate   Einheitsübersetzung der Heiligen Schrift,
                 © 1980 Katholische Bibelanstalt, Stuttgart

Fotonachweis   Titelbild, S. 38/39: © mauritius images/Photo Researchers
                 S. 20, 34, 35, 40, 60, 62–64, 66–71: © KNA-Bild

Der Verlag hat sich bemüht, alle Inhaber von Rechten in Erfahrung zu bringen.
Für zusätzliche Hinweise sind wir dankbar.

Besuchen Sie uns im Internet:
www.st-benno.de

Gern informieren wir Sie unverbindlich und aktuell auch in unserem Newsletter zum Verlagsprogramm, zu
Neuerscheinungen und Aktionen. Einfach anmelden unter www.vivat.de.

ISBN 978-3-7462-2234-9

© 2025 St. Benno Verlag GmbH, Stammerstr. 9–11, 04159 Leipzig,
service@st-benno.de

Gestaltung: Ulrike Vetter, Leipzig
Gesamtherstellung: Arnold & Domnick, Leipzig (G)